Tea Orsi

MEIN GROßES VORLESEBUCH VON ZAUBERERN, HEXEN UND ANDEREN MAGISCHEN WESEN

illustriert von Anna Láng

Aus dem Englischen übersetzt von Anna Taube

Loewe

INHALT

DAS BUCH DER MAGISCHEN UNGEHEUER

DAS BUCH DER ZAUBERER UND HEXEN

DAS BUCH DER MAGISCHEN UNGEHEUER

EINLEITUNG

HALLO! WIE SCHÖN, DICH ZU SEHEN! VIELLEICHT KENNST DU UNS SCHON AUS UNSEREM BUCH ÜBER MAGISCHE WALDWESEN?

Du hast recht, wir vergessen immer, uns vorzustellen. Verzeih! Das passiert uns ständig, wenn wir aufgeregt sind!

Wir, Erin und Nora, sind Cousinen und echte Spezialistinnen für magische Wesen. Doch genug von uns. Jetzt möchten wir mit dir zusammen in ein ganz besonderes Notizbuch schauen: Darin steht alles (wirklich ALLES!) über die berühmtesten magischen Ungeheuer der Welt!

Du willst wissen, woher wir so viele Informationen über sie haben? Nun, es begann alles mit diesem Notizbuch, das wir auf dem Dachboden gefunden haben. Zuerst dachten wir, dass es – wie das andere Buch, das wir dort vor einer Weile entdeckt hatten – unserer Großmutter gehören würde. Aber da lagen wir falsch. Denn als wir es öffneten, sahen wir, dass es die Handschrift unseres großartigen Großvaters war. Und auf der ersten Seite stand auch sein Name. Als unsere Großmutter noch jung war, fand sie alles über magische Waldwesen heraus. Und unser Großvater war als Kind ganz vernarrt in magische Ungeheuer! Er las jede Menge Bücher über sie und reiste um die ganze Welt. Wir denken, dass er tatsächlich ziemlich viele der Ungeheuer in diesem Buch selbst gesehen hat.

Doch in Großvaters Notizbuch waren noch leere Seiten. Da kam uns eine Idee: Wir beschlossen, die leeren Seiten mit unseren eigenen Beobachtungen und Forschungen über diese Kreaturen zu füllen. Und wir freuen uns darauf, alles, was wir herausbekommen haben, mit dir zu teilen!

Mach dich bereit, mit uns von einem Ende der Welt ans andere zu reisen! Wir werden gemeinsam vor Angst zittern, spannende Geheimnisse aufdecken und jede Menge Spaß haben! Vielleicht glaubst du es nicht, aber einige Ungeheuer sind wirklich ziemlich lustig!

Wir sind überzeugt davon, dass du, nachdem du unser Buch gelesen hast, ebenfalls überall nach berühmten und erschreckenden Wesen Ausschau halten wirst!

Viel Spaß beim Lesen!

NESSIE

Stell dir einen tiefen See im schottischen Hochland vor – mitten in einer wunderschönen, nebelverhangenen Landschaft. Aus dem dunklen Wasser des Sees taucht ganz langsam ein langhalsiger Schatten auf, ähnlich einer Riesenschlange … Genau, wir sprechen von dem berühmten Ungeheuer von Loch Ness, Hauptfigur manch legendärer Erzählung. Es wird liebevoll Nessie genannt – ein niedlicher Spitzname für eine so schreckenerregende Kreatur! Doch eigentlich ist Nessie ziemlich schüchtern. Sie versteckt sich im trüben Seewasser, um nicht von neugierigen (und mutigen) Menschen fotografiert zu werden, die am Ufer oder in Booten nach ihm Ausschau halten.

Nessie hat einen langen, schlanken grünen Körper mit einigen schwarzen Beulen und einen schlangenartigen Schwanz und Kopf.

Es wird spekuliert, ob Nessie ein Plesiosaurier sein könnte (eine Meeressaurier-Art, die vor 66 Millionen Jahren ausgestorben ist) und irgendwie überlebt hat …

Wenn Nessie auftaucht, entstehen perfekte runde Kreise auf der Wasseroberfläche. Falls du solche Kreise entdeckst – bleib dran!

Tief unten im See könnte Nessies Höhle liegen: das perfekte Versteck für das scheue Ungeheuer.

NESSIE-SICHTUNGEN

SCHOTTLAND

Es gibt viele Geschichten über Nessie. Unser Großvater hat sich auf solche konzentriert, die über Sichtungen des Ungeheuers berichten. Das waren im Laufe der Jahrhunderte einige!

Das erste Mal wurde das geheimnisvolle Ungeheuer von Loch Ness im Jahr 565 gesichtet. Ein irischer Mönch namens Columban von Iona sah, wie es im trüben Wasser einen Mann angriff. Der mutige Heilige befahl dem Monster, den Mann in Ruhe zu lassen und sich zurückzuziehen. Statt Columban zu bedrohen, tauchte Nessie sofort unter und verschwand im Wasser. Der Mönch und der Mann waren in Sicherheit!

Nicht ganz so lange her ist die Sichtung aus dem Jahr 1933, von der die Hotelbesitzer Mr und Mrs Spicer berichteten. Sie sagten der Presse, sie hätten eine monsterhafte, saurierartige Kreatur gesehen, die plötzlich aus dem Wasser auftauchte. Diese wäre aus dem See gestiegen und hätte in aller Ruhe die Straße überquert – direkt vor dem Auto der Spicers. Echt unheimlich! Eigentlich hatten die beiden ein Picknick am See geplant. Doch nach diesem Erlebnis haben sie wohl auf dem Absatz kehrtgemacht, um allen von ihrem Abenteuer zu berichten!

1934 gelang es einem geheimnisvollen Abenteurer, ein Foto von Nessie zu machen. Dieses schwarz-weiße Bild ist als „Foto des Chirurgen“ bekannt, denn der Mann wollte unerkannt bleiben. Nach der Veröffentlichung in der Lokalpresse ging das Bild um die Welt. Bis heute ist ungeklärt, ob es sich wirklich um eine Aufnahme des schüchternen Monsters handelt.

Manche meinen, bei der langhalsigen Silhouette in den Wellen handele es sich um ein Spielzeug-U-Boot. Andere denken, es sei der Schatten eines Hundes, der mit einem Stock im Maul durch den See paddelt.

An Ideen mangelt es also nicht. Eines ist sicher: Um kaum ein Monster ranken sich so viele Geheimnisse wie um das Ungeheuer von Loch Ness. Vermutlich fasziniert es deswegen so viele Menschen – uns eingeschlossen!

BIGFOOT

Auf Deutsch bedeutet Bigfoot „Großfuß“. Der Name ist ein guter Hinweis, um ihn zu erkennen. Genau, Bigfoot hat riesige Füße! Woher wir das wissen? Nun, er hat seine Abdrücke überall in den Wäldern entlang der nordamerikanischen Pazifikküste hinterlassen.

Großvater hat in seinem Notizbuch vermerkt, dass er ihn einmal gesehen habe. Leider hat er es nicht geschafft, ein Foto zu schießen!

Viele meinen, dass Bigfoot nur ein alter Mythos aus Nordamerika sei. Doch in den letzten 170 Jahren gab es zahlreiche Sichtungen dieses geheimnisvollen Wesens. Äußerlich soll Bigfoot einem riesigen Menschenaffen gleichen. Sein Körper ist mit dichtem Fell bedeckt und er bewegt sich ähnlich wie ein Mensch. Über sein Verhalten ist so gut wie nichts bekannt, denn niemandem ist es je gelungen, ihn lang genug zu beobachten!

Bigfoot kann, wie Menschenaffen, auf zwei Beinen laufen. Aber er bewegt sich auch auf allen vieren fort.

Die Fußabdrücke, die man fand, waren 43 Zentimeter lang. Das ist wirklich groß, ungefähr Schuhgröße 66!

Bigfoot misst zwischen zwei und drei Metern. Das ist fast so groß wie ein Indischer Elefant! Sein Gesicht ist mit dickem Fell bedeckt.

Obwohl dieses Wesen nichts und niemanden fürchten muss, lässt es sich ungern blicken. Sobald er Schritte von Menschen hört, versteckt sich Bigfoot im Wald!

EINE RIESENGROSSE MISSION

NORDAMERIKA

Viele Forschende haben die Wälder der Pazifikküste im Nordwesten Amerikas (in den USA und Kanada) abgesucht, in der Hoffnung, Spuren von Bigfoot zu finden. In seinen Notizen geht Großvater ganz besonders auf eine dieser Expeditionen ein.

Im Dezember 1927 machte sich eine Gruppe Abenteurer auf den beschwerlichen Weg, um die Gegend zwischen den Staaten Oregon und Washington zu erforschen. Am Ufer eines Flussbetts fanden sie die Spuren einer mysteriösen Kreatur. Zwei der Zoologen (so heißen Forscher, die Tiere studieren) beschlossen, dort für die Nacht ihr Zelt aufzuschlagen.

Die beiden waren so aufgeregt, dass sie noch vor Sonnenaufgang erwachten. Als sie aus dem Zelt krochen, fanden sie rundherum riesengroße, frische Fußspuren! Jemand musste in der Nacht um ihr Zelt geschlichen sein, während sie schliefen! Die beiden Forscher fotografierten die Spuren und machten Gipsabdrücke.

Sie kamen zu dem Ergebnis, dass die Abdrücke wie die eines Affen aussahen, nur viel größer! Keiner der Forscher bekam Bigfoot zu Gesicht. Doch die Spuren überzeugten sie davon, dass dieser geheimnisvolle Riese wirklich existiert.

WASSERSPEIER

Hast du schon einmal eine gotische Kathedrale gesehen? Es gibt viele sehr berühmte, und eine davon ist Notre-Dame in Paris. Sie hat eine markante Bauweise mit großen Rosetten-Fenstern, hohen Spitzbögen, massiven Türmen … und ziemlich ungewöhnlichen, angsteinflößenden Dekorationen. Fragst du dich, was das mit unserem Buch über magische Ungeheuer zu tun hat? Dann pass gut auf! Wasserspeier (wir erklären dir gleich, warum sie so komisch heißen!) sind Wesen, die man oft an alten Gemäuern findet. Vielleicht hast du selbst schon welche gesehen: Oft haben sie drachenartige Schwänze, Fledermausflügel sowie riesige Kiefer und Klauen. Sie sehen furchterregend aus (und damit meinen wir wirklich, wirklich fürchterlich), doch eigentlich sind sie ganz friedlich – jedenfalls, solange man ihre Kathedrale in Ruhe lässt!

Der Legende nach erwachen Wasserspeier immer dann zum Leben, wenn sie ihre Kathedrale vor Ruhestörern und Dieben beschützen müssen.

Rein technisch betrachtet, sind Wasserspeier das verzierte Endstück eines Regenrohrs. Wenn es regnet, spucken sie Wasser aus ihrem Maul. Daher der Name!

Auf Englisch heißen Wasserspeier „gargoyle", auf Französisch „gargouille". Diese Wörter erinnern an das gurgelnde Geräusch, das entsteht, wenn Wasser durch das Regenrohr läuft.

EIN FÜRCHTERLICHER DRACHE

FRANKREICH

Niemand weiß, woher Wasserspeier eigentlich kommen. Unser Großvater hat Nachforschungen angestellt und ist in Frankreich auf eine Legende über ein ähnliches Wesen gestoßen: das Drachenweibchen La Gargouille. Wir werden dir alles von ihr erzählen!

Vor langer Zeit lebte in einer Höhle nahe der französischen Stadt Rouen eine riesige, schreckliche Drachin namens La Gargouille. Sie hatte einen sehr langen Hals, große Fledermausflügel, Zähne so scharf wie Speere und sie spuckte Feuer! Doch es kommt noch schlimmer. Aus Langeweile und Einsamkeit entwickelte La Gargouille ein entsetzliches Hobby: Sie ärgerte die Stadtbewohner auf jede nur mögliche Weise!

Um das Drachenweibchen davon abzuhalten, weiteres Unheil anzurichten, mussten die armen Bewohner ihm immerzu Geschenke bringen. So konnte es nicht weitergehen! Zum Glück kam ein Mann namens Romanus nach Rouen und versprach, das Monster zu vertreiben. Niemand glaubte, dass er Erfolg haben würde. Doch Romanus hatte ein Händchen für Drachen. Alles, was er tun musste, war, mit La Gargouille zu sprechen und sie davon zu überzeugen, dass sie sich benehmen sollte. Kurz darauf führte Romanus sie in die Stadt – an einer Leine! Die Menschen von Rouen waren so glücklich, dass sie eine Steinskulptur des Drachen an der Stadtmauer anbrachten – der erste von vielen weiteren Wasserspeiern!

DER BAKENEKO

Bakeneko ist Japanisch und bedeutet „Monsterkatze“. Auf den ersten Blick könntest du dieses Wesen für eine niedliche, harmlose Miezekatze halten. Ein Bakeneko sieht mit seinem langen Schnurrbart, seinen gelben Augen und seinem buschigen Fellschwanz einer netten, verspielten Hauskatze nämlich sehr ähnlich. Doch pass gut auf, denn er ist ein wirklich schreckliches Ungeheuer! Es gibt einige Hinweise, die ihn von einem Kätzchen unterscheiden. Welche? Nun, zunächst einmal ist ein Bakeneko viel, viel größer als eine Katze. Zudem ist er kein Katzentier, sondern vielmehr ein gestaltwandelnder Yōkai, ein boshafter Dämon, der sich in jedes beliebige Wesen verwandeln kann. Diese Zauberkraft macht den Bakeneko schwer fassbar. Ohne entdeckt zu werden, ärgert er jeden, der seinen Pfad kreuzt. Halte also die Augen offen – vielleicht begegnet der Gestaltwandler ja eines Tages auch dir!

Selbst wenn er eine menschliche Gestalt annimmt, bleiben einige Hinweise auf sein Katzenwesen, etwa die Schnurrhaare, die Nase und die Augen.

Das Biest hat eine besonders übel riechende Lieblingsspeise: Ölsardinen!

Bakeneko kann auf seinen Hinterläufen gehen und mit großen Feuerbällen um sich schmeißen, wenn er wütend wird. Lass ihn also besser in Ruhe!

DIE RACHE DES BAKENEKO

JAPAN

Einem Volksglauben zufolge kann eine Hauskatze unter bestimmten Bedingungen zu einem Bakeneko werden. Dafür muss der Katze zuvor eine schlimme Ungerechtigkeit passiert sein. Lies selbst!

Vor langer Zeit lieh sich der Dorfvorsteher eines japanischen Städtchens Geld von einem reichen Händler, denn die Menschen waren arm und hungerten und er wollte helfen. Doch was die Leute auch taten, die Ernten blieben aus, und so sah sich der Dorfvorsteher gezwungen, dem reichen Händler alle Ländereien der Stadt zu überlassen, um die Schulden zu bezahlen. Der Händler war jedoch ein gieriger und unehrlicher Mann. Er bedrängte den armen Dorfvorsteher und behauptete, er habe seine Schulden nicht bezahlt. So lange, bis der Dorfvorsteher vor Kummer und Sorge starb. Omatsu, seine Witwe, wollte Gerechtigkeit für ihren Mann erstreiten. Doch niemand hörte auf sie. Stattdessen warf man sie ins Gefängnis. Nun war die Katze der beiden, die den Mann und die Frau sehr geliebt hatte, ganz allein zu Hause. Aus Rache verwandelte sie sich in einen Bakeneko und jagte dem grausamen Händler, der seine Familie ruiniert hatte, für den Rest seines Lebens nach.

MEDUSA

Jetzt möchten wir dir ein wirklich schreckliches (aber auch sehr berühmtes) Ungeheuer vorstellen, von dem du bestimmt schon einmal gehört hast: Medusa! Ganz genau, Medusa ist unverkennbar ein sehr gefährliches Zauberwesen und Star zahlloser Erzählungen, Gemälde und Mythen. Zum Glück sind wir ihr nie begegnet, aber Großvater hat für den Fall einen wertvollen Tipp notiert: Trage immer eine Sonnenbrille mit richtig dunklen Gläsern. Warum? Oh, ups! Wir sollten dir vielleicht noch Medusas Superkraft nennen: Wer ihr in die Augen schaut, wird ... zu Stein! Hilfe!

Medusa hat goldene Flügel, Klauen aus Bronze und spitze Eckzähne.

Der Sage nach sind Medusa und ihre Schwestern Stheno und Euryale die Töchter von zwei Seegottheiten. Alle drei haben die Superkraft, andere durch Blicke zu versteinern.

Anstelle von Haaren hat Medusa ***ECHTE*** *Schlangen, die sich den ganzen Tag bewegen und zischeln.* ***Doppel-Hilfe!***

PERSEUS UND MEDUSA

GRIECHENLAND

Die Geschichte, die wir dir jetzt erzählen, ist sehr berühmt und spannend. Wegen ihrer Superkraft gewann Medusa mit Leichtigkeit jeden Kampf, bis ihr jemand eine Lektion erteilte. Genug gesagt. Wenn du mehr wissen möchtest, lies selbst!

Vor langer Zeit beauftragte Polydektes, König der griechischen Insel Serifos, den mutigen und starken Helden Perseus mit einer schwierigen (und angsteinflößenden) Aufgabe: Er sollte die Höhle der fürchterlichen Medusa aufsuchen und sie besiegen. Denn das Ungeheuer versetzte sämtliche Menschen auf der Insel in Angst und Schrecken – und aufgrund ihres versteinernden Blickes konnten sie nicht einmal fliehen! Perseus hatte aber keine Angst vor ihr. Er nahm nicht einmal eine Waffe mit, so sicher war er sich.

Doch die Götter fanden, dass Perseus durchaus etwas Hilfe gebrauchen könnte, und hielten ihn unterwegs auf. Der Götterbote Hermes gab ihm seine geflügelten Sandalen, damit er bei Gefahr davonfliegen konnte, und einen schützenden Helm. Von der Göttin Athene bekam er einen Schild, der glänzte wie ein Spiegel, sowie ein Schwert. So gerüstet, machte sich unser Held frohgemut auf die Suche nach Medusa.

Schließlich fand Perseus die Höhle. Vor dem Eingang entdeckte er einige Steinstatuen. Als er erkannte, dass es die armen Seelen waren, die vor ihm versucht hatten, Medusa zu bekämpfen, wurde ihm doch etwas mulmig. Er nahm sich einen Augenblick, um einen Plan zu ersinnen, und schwor sich, vorsichtig zu sein und erst im richtigen Moment zu handeln.

Er versteckte sich, bis Medusa eingeschlafen war. Dann betrat er, den Schild vor sich haltend, die Höhle. Leise schlich er sich an Medusa heran. Doch die Schlangen bemerkten ihn und begannen sich wild hin und her zu bewegen und zu zischen, um Medusa zu wecken. Darauf hatte unser Held nur gewartet! Kaum riss Medusa die Augen auf, hielt er ihr blitzschnell den spiegelglatten Schild vors Gesicht. ZAPP! Sie versteinerte sich selbst! Perseus hatte Medusa dank seiner Klugheit und mit Hilfe der Götter besiegt. Glücklich und stolz lief er nach Hause, wo ein großes Fest auf ihn wartete.

DER FOSSEGRIM

Vielleicht fragst du dich, welches Wesen einen so merkwürdigen Namen hat. Das verraten wir dir jetzt! Der Fossegrim ist ein Wassergeist. Sein Name leitet sich von dem norwegischen Wort „foss“ für „Wasserfall“ ab. Und obwohl er ein eher grummeliges Wesen ist, hat er doch ein ganz unglaubliches Talent, das man bei Ungeheuern eher selten findet: Er ist ein grandioser Geigenspieler! Mit seiner Musik kann er Menschen hypnotisieren. Allerdings glauben wir nicht, dass der Fossegrim böse ist: Seine Erscheinung und seine Musik mögen schauerlich sein, doch am liebsten bleibt er allein unter seinem tosenden Wasserfall, wo er sich am wohlsten fühlt.

Er ist auch ein Komponist: Seine Melodien entnimmt er den Geräuschen der Natur und er braucht noch nicht einmal ein Notenblatt, um sie zu spielen.

Der Wasserfallmann sieht aus wie ein Wassermann oder ein Meermensch. Allerdings hat er keine Schwanzflosse.

Der Fossegrim muss immer am Wasser sein. Deswegen ist es für ihn überlebenswichtig, in der Nähe von einem Fluss, See oder Wasserfalll zu leben.

GEIGENUNTERRICHT

NORWEGEN

Der Fossegrim liebt die Einsamkeit. Doch manchmal lässt er es zu, dass sich ihm Menschen nähern – unter bestimmten Voraussetzungen. Wenn du die folgende Geschichte gelesen hast, weißt du, was wir meinen.

Vor langer Zeit lebte ein Fossegrim an einem Wasserfall. Dort spielte er auf seiner Geige die schönsten Melodien, zart wie der Wind, der in den Blättern des Waldes säuselt. Eines Tages hörte ein junges Paar auf seinem Spaziergang die Melodie des Zauberwesens. Sie war so lieblich und klar, dass die beiden ihr neugierig folgten. Als sie zu dem Wasserfall gelangten, sahen sie den Fossegrim, der auf einem Stein im Wasser saß. Angesichts seiner abschreckenden Gestalt wollten die jungen Leute weglaufen. Doch der Fossegrim spielte lauter und eindringlicher und das Paar konnte nicht anders: Sie mussten bleiben. Sie fragten den Fossegrim sogar, ob er ihnen beibringen könne, ebenso schöne Melodien auf der Geige zu spielen wie er. Der Fossegrim lächelte und stimmte zu – wenn sie ihm dafür einen Gefallen taten!

Er bat die beiden, ihm Essen zu bringen. Egal was, Hauptsache viel. Er hatte solchen Hunger! Das versprachen ihm der Mann und die Frau, denn sie wollten die zauberhafte Melodie unbedingt lernen. Der Fossegrim hatte allerdings noch eine zweite Bedingung: Das Essen sollte ihm an vier aufeinanderfolgenden Donnerstagen gebracht werden – und wenn es nicht reichte, um ihn satt zu machen, würde er dem Paar nur das Stimmen der Geige beibringen, aber nicht das Spielen. Fest entschlossen lief das Paar zurück ins Dorf und bat alle Leute um Hilfe.

Zu ihrem Glück kam auf diese Weise tatsächlich jeden Donnerstag genug Essen zusammen. Einen ganzen Monat lang stellten sie dem Fossegrim einen vollen Korb an den Wasserfall. Nachdem sie den vierten Korb abgeliefert hatten, streckten sie dem Fossegrim eine Geige entgegen, die sie extra hatten bauen lassen. Der Wasserfallmann lächelte und hielt sein Versprechen. Er nahm die Hände der beiden Menschen und führte sie über die Saiten: Wie durch einen Zauber spielte die Geige eine Melodie, die so wunderschön war, dass die Bäume zu tanzen begannen und selbst der Fluss anhielt, um zu lauschen.

DER LESHY

Nachdem wir dir von einem freundlichen, musikalischen (wenn auch sehr hungrigen) Wasserwesen erzählt haben, kommen wir nun zu einem überaus eigenartigen Waldgeist: dem Leshy.

Der Leshy ist ein Waldgeist mit wunderbaren Zauberkräften. Großvater hat einmal einen gesehen. Er konnte ihn gut beobachten und detailliert in seinem Notizbuch beschreiben. Das Haar und der Bart des Leshy bestehen aus struppigem grünem Gras. Er hat einen langen, borstigen Schwanz, Pferdehufe und spitze Hörner. Er sieht wirklich gefährlich aus! Aber eigentlich ist er das überhaupt nicht. Tatsächlich ist er sogar ein sehr selbstloses Wesen. Oh! Und weißt du was? Er kann seine Größe verändern! Mal ist er groß und mächtig wie eine uralte Eiche – und dann klein wie ein Wiesenblümchen!

Der Leshy ist sehr bleich und hat grüne Augen, passend zu seinem Haar und Bart.

Sein Lieblingstier ist ein grauer Wolf – für ihn ist er so etwas wie ein Schoßhündchen. Sie haben eine wirklich feste Beziehung!

Dieses Waldwesen hat ein lustiges und spannendes Talent: Es kann unzählige Laute und Stimmen nachmachen!

GESTALTWANDLUNG

SLAWISCHE LÄNDER

Du weißt jetzt, dass der Leshy seine Größe verändern kann. Aber … Überraschung! Er kann auch seine Gestalt wechseln. Schauen wir uns an, was jemand, der dieses ungewöhnliche Ungeheuer gesehen hat, darüber berichtet.

Obwohl der Leshy so monströs aussieht, hat er ein gutes Herz. Es scheint ihm nichts auszumachen, von Menschen gesehen zu werden. Er tut alles, um die Tiere und Vögel des Waldes zu beschützen. Dank seiner Größe (er stößt fast an den Himmel!) kann er über die Wipfel der Bäume blicken und ihnen sagen, wann im Herbst der Zeitpunkt kommt, in wärmere Länder zu ziehen. Durch seine gestaltwandlerischen Zauberkräfte kann der Leshy auch Bauernhöfe, Dörfer und Felder beschützen. Alle wünschen sich, einen Leshy zum Freund zu haben.

Es wird noch besser: Menschen, die dem Leshy geholfen haben, bringt er zum Dank einige seiner magischen Geheimnisse bei. Ist das nicht nett von ihm? Zudem können ihn Menschen, die sich im Wald verirren, immer um Hilfe bitten. Wie du den Leshy rufst? Ganz einfach (und zugegeben auch lustig): Streif deine Schuhe ab und zieh sie verkehrt herum wieder an.

DIE AMPHISBAENA

Das Monster, von dem wir dir jetzt erzählen, entstammt der griechischen Mythologie. Großvater hoffte immer, es einmal zu treffen, doch es gelang ihm (leider!) nie. Die Amphisbaena sieht einer Schlange ähnlich, doch wie jedes ordentliche Ungeheuer wartet sie mit einigen wirklich schrecklichen Merkmalen auf: An jedem Körperende hat sie einen Kopf mit grell leuchtenden Augen. Außerdem besitzt sie Giftzähne und ihre Blicke können jeden versteinern, der sich ihr nähert.

Der Legende nach entstand die Amphisbaena aus dem Kopf der Medusa (genau, eine alte Bekannte!), als Perseus mit ihrem Schlangenkopf über die Libysche Wüste nach Griechenland flog.

Obwohl sie einer Schlange ähnelt, hat die Amphisbaena zweischuppige Beine wie ein Drachen.

Mit ihren beiden Köpfen kann sie vorwärts und rückwärts laufen. Zudem hält immer ein Kopf Wache, wenn der andere schläft.

Die Köpfe der Amphisbaena haben unterschiedliche Farben: einer ist silbern und golden, der andere schwarz. Deshalb wird sie auch als Sinnbild für den Sieg des Guten oder des Bösen dargestellt.

EIN BERÜHMTES MONSTER

GRIECHENLAND UND LIBYEN

Über die Amphisbaena gibt es keine richtige Geschichte, und doch ist dieses Fabelwesen sehr bekannt. Im Laufe der Zeit wurde sie mehrfach von Schriftstellern in Erzählungen erwähnt, die versucht haben, mehr über sie in Erfahrung zu bringen. Das soll zur Einführung reichen – jetzt folgen einige Beispiele!

Manchen Schriftstellern zufolge kann sich die Amphisbaena extrem schnell fortbewegen. Angeblich hat sie sogar das Rad erfunden (ja, du hast richtig gelesen!). Wie? Nun, einer der Köpfe verbeißt sich in den Hals des anderen, wodurch ein Kreis entsteht. So kann das Wesen in Spitzengeschwindigkeit durch die Gegend rollen!

Einige Forschende denken, dass die Amphisbaena in Wirklichkeit kein Monster, sondern eine harmlose, aber sehr seltene Doppelschleichen-Art ist, die äußerlich ein bisschen an Regenwürmer erinnert. Schwanz und Kopf der Doppelschleichen sind auf den ersten Blick nur schwer auseinanderzuhalten. Und genau wie die mythische Amphisbaena lassen sich auch die nach ihr „Amphisbaenia" genannten Reptilien kaum blicken. Sie graben sich in Sand ein und hinterlassen nicht einmal Gänge oder Bauten. Und so leben sie vermutlich schon seit vielen Millionen von Jahren!

Weil sie im Untergrund lebt, ist die Amphisbaena überaus geschickt im Graben von Tunneln. Sie hat eine Technik entwickelt, mit der sie keinerlei Erdhaufen an die Oberfläche wirft, die ihren Aufenthaltsort verraten könnten. Kurz gesagt, sie ist ein Wesen mit vielen Talenten!

Die Amphisbaena ist ein beliebtes Wappentier. Auf Schilden oder Stadtwappen ist sie oft in Form eines S oder einer 5 zu finden – ein Symbol für doppelte Gefahr, genau wie ihre zwei Köpfe! Solltest du ihr je begegnen, sei sehr vorsichtig. Immerhin kann sie an beiden Enden giftig zubeißen!

TARTALO

Großvater ist oft nach Spanien gereist, denn dort hatte er von einem überaus interessanten Ungeheuer gehört: Tartalo. Dieser Riese (er ist größer als ein Laternenpfahl!) ähnelt einer anderen berühmt-berüchtigten Gestalt, dem Zyklopen Polyphem. Diesem einäugigen Riesen war der griechische Held Odysseus auf seiner Irrfahrt, der Odyssee, begegnet. (Falls du diese Geschichte noch nicht kennst, solltest du sie unbedingt lesen!) Auch Tartalo hat nur ein Auge mitten auf der Stirn. Aber wir versichern dir, dass er trotzdem sehr gut sehen kann. Tartalo ist ein ziemlich einsamer Kerl. Er lebt ganz allein in einer Höhle in den Bergen des Baskenlandes. Nur selten sieht man ihn umherziehen. Tatsächlich hat ihn unser Großvater leider nie zu Gesicht bekommen.

Der Riese hat noch zwei weitere Namen: Tartaro und Torto! Doch meistens wird er Tartalo genannt.

Dieses Wesen isst wirklich Unmengen, am liebsten Braten. Davon kann er täglich mindestens einen verspeisen, manchmal sogar mehr!

Tartalo ist ein Schäfer: Er hat eine große Herde Schafe, die mit ihm in der Höhle lebt und tagsüber auf den Bergwiesen grast.

DIE ZWEI BRÜDER

SPANIEN

Tartalo ist kein besonders nettes Wesen. Die meisten Menschen haben Angst vor ihm. Großvater hatte einige Geschichten über ihn gehört. Diese hier mögen wir am liebsten. Sie ist dem Abenteuer von Odysseus mit dem Zyklopen ähnlich, und wir erzählen sie dir, damit du mehr über Tartalo lernen kannst.

Eines Tages waren zwei arme Brüder in den Bergen unterwegs. Da zog plötzlich ein Unwetter auf. Der Himmel war grau verhangen und gleich darauf begann es wie aus Eimern zu schütten und zu gewittern. Schnell rannten die beiden in eine Höhle, um sich zu schützen. Drinnen war es finster, jedoch warm und trocken. Obwohl ihnen die Höhle unheimlich vorkam, beschlossen sie, sich hier zu verkriechen. Nach einer Weile hörten sie das Rumpeln von mächtigen Schritten, die den Boden unter ihren Füßen erzittern ließen! Vor ihnen erschien ein Riese. Er kam näher und immer näher! Als sie sein einzelnes Auge sahen, wurde ihnen angst und bange: Das war Tartalo! Sie hatten schon so viel über ihn gehört und wussten, dass er keineswegs freundlich war. Beim Anblick der Brüder grinste der Riese zufrieden. Er hatte heute zwar schon gegessen, aber diese beiden Bürschchen kamen ihm als Nachtisch gerade recht. Die armen Jungen versuchten zu fliehen, doch Tartalo versperrte den Eingang mit einem großen Stein und legte sich schlafen.

Als das Ungeheuer tief und fest schnarchte, näherte sich ihm der ältere Bruder. Er wollte noch nicht aufgeben und suchte Tartalo aufmerksam ab. Da sah er einen glitzernden Ring an einem der Riesenfinger. Der würde seiner Familie aus aller Not helfen, dachte der Junge, und beschloss, ihn zu stehlen. Vorsichtig und ohne den Riesen zu wecken, schmierte er dessen Finger mit etwas Öl aus der Lampe ein und zog den Ring herunter. Dann spritzte ihm der Junge den Saft einer Zitrone, die er im Durcheinander am Höhlenboden fand, ins Auge. Tartalo erwachte und beklagte sich lauthals, weil sein Auge von dem Saft so schmerzte, dass er es nicht mehr öffnen konnte. Schnell zogen sich die beiden Brüder zwei Schaffelle über und versteckten sich zwischen den Schafen, die ebenfalls in der Höhle waren. Tartalo suchte nach den Jungen. Dabei stieß er den Stein weg, der die Höhle versperrt hatte. Endlich war der

Fluchtweg für die Jungen frei! Da stellte sich der Riese in den Eingang, um sie abzufangen. Doch dank ihrer Tarnung gelang es den Brüdern, inmitten der Herde hinaus ins Freie zu schlüpfen. Den kostbaren Ring nahmen sie mit. Gerade als sie dachten, sie seien in Sicherheit, geschah etwas Magisches: Der Ring rief Tartalo! Und Tartalo hörte den Ring und folgte ihm! Widerwillig musste der ältere Bruder einsehen, dass er keine andere Wahl hatte, als den schreienden Schatz weit fortzuwerfen. Immer noch blind vom Zitronensaft, stürmte der Riese in die Richtung des Schmuckstücks – während die zwei Jungen sicher nach Hause laufen konnten. Von diesem Tag an setzten die beiden Brüder nie mehr einen Fuß in die Berge!

DER RIESENKRAKE

Wetten, dass du von dieser Kreatur schon gehört hast? Wir freuen uns jedenfalls sehr, dir mehr über sie zu erzählen! Der Riesenkrake ist ein unfassbar großes Tier. Er sieht einem Oktopus ähnlich, und manche halten ihn wegen seiner zehn Arme für einen Riesenkalmar. Doch der Riesenkrake ist viel, viel größer als diese Tiefseebewohner. Er ist so groß, dass er, wenn er auftaucht, sogar für eine Insel gehalten wird. Er hat ein gigantisches, böse starrendes Auge. Seeleute in der ganzen Welt fürchten den Kraken, denn seine Tentakel sind so lang, dass er damit ganze Schiffe umklammern und sie mit sich in die Tiefe ziehen kann. Außerdem entstehen dort, wo er schwimmt, gefährliche Strudel, die alles in der Nähe mit sich zum Meeresboden reißen. Echt gruselig!

Das Auge des Kraken kann größer als ein Basketball werden. Unglaublich, oder?

Der Krake kann, wie alle Tintenfische, zum Beispiel Oktopusse und Kalmare, eine Flüssigkeit verspritzen, die das Meerwasser stark eintrübt!

Dieses Fabelwesen hält sich am liebsten in der Tiefsee auf, denn es scheut das Licht an der Wasseroberfläche.

EIN UNVERGESSLICHER ANBLICK

NORWEGEN

Viele Geschichten erzählen vom Kraken als ein abscheuliches Seeungeheuer, das am liebsten Schiffe versenkt. Doch die wenigsten wissen, dass der Krake eigentlich ein sehr friedvolles Wesen ist. Wir finden, die folgende Geschichte über die wichtigste Kraken-Sichtung spricht Bände!

Im Jahr 1861 fuhr das französische Dampfschiff *Alecton* friedlich im Atlantischen Ozean nahe der Insel Teneriffa. Mit einem Mal wurden die Wellen höher und höher. Der besorgte Kapitän rannte an Deck und fragte den Mann im Ausguck, ob er etwas Merkwürdiges sehen würde. Bevor der Mann antworten konnte, tauchte aus den Wellen ein riesengroßes Seeungeheuer auf: ein über sechs Meter großer Riesenkalmar. Es war der Krake! Der Kapitän bekam Angst um sein Schiff und befahl seiner Mannschaft, das Ungeheuer zu fangen. Was er allerdings nicht bemerkte, war, dass der Krake keinerlei Absicht hatte, das Schiff anzugreifen. Im Gegenteil, er schwamm langsam davon, weiter und immer weiter. Um ihn herum waren unzählige Fische, die alle keine Scheu vor ihm hatten.

Ein Seemann bemerkte, dass der Krake gar nicht gefährlich war. Offenbar wollte er dem Schiff nur ausweichen, damit er es nicht aufgrund seiner Größe aus Versehen rammte oder in seinen Strudeln auf den Meeresgrund zog. Der Seemann versuchte, den Kapitän zu warnen. Er musste nur den Befehl geben, das Schiff zu wenden, um der Situation zu entkommen.

Aber der Kapitän hörte nicht auf den Seemann. Er wollte unbedingt dieses außergewöhnliche Wesen fangen, um damit an Land anzugeben. Er befahl seiner Mannschaft, sich mit Harpunen und Speeren zu bewaffnen. Damit wollte er den Kraken treffen, mit Seilen fesseln und anschließend in seinen Heimathafen schleppen (ein ziemlich dummer Plan, nicht wahr?). Die Seeleute mussten dem Kapitän gehorchen. Doch das Ungeheuer war viel zu schnell. Nicht nur, dass die Mannschaft den Kraken nicht einholen konnte. Ihr Schiff geriet auch den Strudeln gefährlich nahe, als das Wesen in die Tiefe abtauchte und floh.

Zum Glück gelang es der Mannschaft, das Schiff über Wasser zu halten und weiterzufahren. Seither ist allen Seeleuten klar, dass es unmöglich ist, den Riesenkraken zu fangen. Und überleg mal: Das war nur eine von unzähligen Sichtungen in vielen Jahrhunderten rund um die ganze Welt!

DER VOGEL ROCH

Dieses Wesen sieht wie ein Raubvogel aus, etwa wie ein Adler oder ein Falke, doch seine Federn sind weiß und es ist viel, viel größer! So groß, dass es sogar Schiffe zum Sinken bringen kann, indem es Steine aus seinen Riesenkrallen hinabfallen lässt. Bekannt ist er aus den arabischen Märchen aus Tausendundeiner Nacht.

Der Vogel Roch lebt irgendwo in Arabien und ist nur sehr schwer zu finden. Zum Glück konnte unser Großvater viele Notizen über ihn sammeln. Lies weiter, um alles zu erfahren.

Seine Klauen sind so groß, dass der Vogel einen ausgewachsenen Elefanten ohne weiteres durch die Luft tragen kann.

Die Eier des Roch-Weibchens sind groß wie Kuppelbauten. Es legt sie nur in Nester auf einsamen Inseln.

Die stabilen und wasserfesten Roch-Federn werden gerne zum Bau von großen Fässern benutzt, etwa um Trinkwasser auf Schiffen mitzunehmen.

SINDBAD UND DER VOGEL ROCH

ARABIEN

Jetzt erfährst du die Geschichte, die diesen riesengroßen Monstervogel weltberühmt gemacht hat. Darin kommt ein Ei vor, das der Roch auf einer einsamen Insel legt. Lies weiter, wenn du mehr wissen möchtest!

Einmal reiste ein Seefahrer namens Sindbad auf einem Schiff, das Schiffbruch erlitt. Als einziger Überlebender kämpfte Sindbad mit letzter Kraft gegen die Wellen, bis er am Ufer einer kleinen Insel strandete. Der junge Mann schaute sich um, doch die Insel schien unbewohnt zu sein. Gerade wollte er eine Bucht erkunden, da verdunkelte ein riesiger Schatten den Himmel: Es war der Roch, ein übermenschlich großer Raubvogel mit weißen Federn und Klauen so groß wie Baumstämme. Sindbad rannte, um sich in Sicherheit zu bringen, und versteckte sich in einem Wald. Dort fand er einen merkwürdigen weißen Hügel. Beim Näherkommen erkannte er, dass es ein Ei war. Aber nicht irgendein Ei, sondern das Ei des Vogels Roch! Da kam dem schlauen Seefahrer eine Idee, wie er die Insel verlassen konnte. Als der Roch neben seinem Ei landete, um nach dem Rechten zu schauen, klammerte sich Sindbad heimlich an seinem Bein fest. Bald darauf hob der Vogel ab, um nach Futter zu suchen, und nahm, ohne es zu bemerken, Sindbad mit über den Ozean. Als sie über eine Stadt flogen, ließ Sindbad das Vogelbein los und landete auf dem Boden. Frohgemut reiste er nach Hause, wo er allen von seinem außergewöhnlichen Abenteuer erzählte.

KENNST DU DICH MIT MAGISCHEN UNGEHEUERN AUS? MACH DEN TEST!

Überraschung! Wie schon in unserem letzten Buch, möchten wir dir auch dieses Mal die Möglichkeit geben, dein Wissen zu testen. Finde heraus, was du alles über diese Ungeheuer gelernt hast und ob du bereit bist, einem zu begegnen! Drei, zwei, eins – los geht's!

1 WIE LAUTET DAS FRANZÖSISCHE WORT FÜR WASSERSPEIER?

A Bredouille
B Gargouille
C Ratatouille

2 WORAUS BESTEHT MEDUSAS „HAAR"?

A Aus Fischgräten
B Aus Goldfäden
C Aus Schlangen

3 WO LEBT TARTALO?

A In einer Höhle
B Am Meer
C In einer Hütte

4 WELCHES WESEN LEGT EIER SO GROSS WIE KUPPELBAUTEN?

A Bigfoot
B Der Vogel Roch
C Nessie

5 IN WELCHEM LAND LIEGT DER LOCH NESS?

A In Schottland
B In Irland
C In Island

6 WIE VIELE TENTAKEL HAT DER RIESENKRAKE?

A Acht
B Neun
C Zehn

7 WAS HAT AMPHISBAENA ANGEBLICH ERFUNDEN?

A Das Rad
B Den Fernseher
C Die Gabel

8 WELCHES WESEN SPIELT WUNDERBAR GEIGE?

A Der Riesenkrake
B Der Bakeneko
C Der Fossegrim

9 WELCHES WESEN HAT EINEN BART AUS STRUPPIGEM GRÜNEM GRAS?

A Der Leshy
B Der Tartalo
C Bigfoot

10 WELCHES DIESER WESEN WIRFT FEUERBÄLLE?

A Der Bakeneko
B Nessie
C Keins

AUSWERTUNG

Auflösung

1-B, 2-C, 3-A, 4-B, 5-A, 6-C, 7-A, 8-C, 9-A, 10-A

Du hast 5 oder weniger Fragen richtig beantwortet?

Ehrlich gesagt, können wir dir noch nicht empfehlen, auf Monsterjagd zu gehen. Dafür musst du wirklich gut vorbereitet sein, sonst kann es gefährlich werden. Aber lass den Kopf nicht hängen: Lies unser Buch einfach noch einmal, danach beantwortest du bestimmt alle Fragen richtig!

Du hast 6 bis 9 Fragen richtig beantwortet?

Toll! So schnell lässt du dich weder von Nessie noch von irgendeinem anderen Ungeheuer ins Bockshorn jagen. Weiter so!

Du hast alle 10 Fragen richtig beantwortet?

Herzlichen Glückwunsch! Du hast wirklich alles über diese wundersamen Ungeheuer gelernt. Bigfoot, der Riesenkrake und all die anderen sollten sich warm anziehen!

Unser Buch der magischen Ungeheuer endet hier. Hoffentlich hat es dir gefallen. Bestimmt interessiert dich auch brennend, was unsere Freundin Aria herausgefunden hat. Sie weiß nämlich alles über Hexen und Zauberer!

DAS BUCH DER ZAUBERER UND HEXEN

EINLEITUNG

DA BIST DU JA! HALLO! ICH HABE DICH BEREITS ERWARTET!

Ich heiße Aria und als Erstes muss ich dir etwas sehr Wichtiges erklären: In dem Buch, das du in deinen Händen hältst (ja, genau diesem!), stehen keine langweiligen Sachen drin, die du schon weißt. Ganz im Gegenteil!

Alles, was du hier liest, ist einzigartig, wahr und tatsächlich so geschehen. Das garantiere ich dir, denn es wurde von einer echten Expertin für Hexen und Zauberer geschrieben. (Die Expertin bin, in aller Bescheidenheit, ich!)

Bist du schon neugierig geworden?

Wie bitte? Natürlich musst du an Magie glauben! Vertraue mir. Ich liebe Zauberer, Hexen, Magierinnen und Feen. Und um ehrlich zu sein, bin ich in einer Familie aufgewachsen, in der alle Magie lieben. Meine Eltern haben eine große Bibliothek voller Bücher zu dem Thema. Und ich habe sie alle gelesen, wirklich alle! Manchmal probiere ich sogar selbst ein bisschen zu zaubern.

Zauberer und Hexen sind meine Vorbilder. Und in diesem Buch habe ich alles notiert, was ich über die größten und magischsten Personen aller Zeiten in Erfahrung bringen konnte. Einige von ihnen stammten aus weit entfernten Ländern, andere ganz aus unserer Nähe. Einige wurden berühmt, andere nicht. Doch sie alle hatten unglaubliche Zauberkräfte!

Wer weiß, wie viele Hexen und Zauberer heute mitten unter uns leben, gut versteckt in den hintersten Winkeln der Erde? Vielleicht triffst du ja eines Tages eine oder einen von ihnen? Lass dir diese Gelegenheit nicht entgehen! Schnapp dir meine Aufzeichnungen und mach dich bereit für ein ganz besonders zauberhaftes Abenteuer!

Genug geplaudert! Blättere um und tauche ein in die geheimnisvolle und überraschende Welt der Magie!

MORGANA LE FAY

Fangen wir an! Ich erzähle dir nun von einer Fee, von der du vielleicht schon gehört hast: die mega-berühmte Morgana Le Fay. Manche Erzählungen sagen, sie sei der führende Kopf einer ganzen Gruppe von Hexen, die sich jede Nacht in der Nähe einer anderen verfallenen Burg in England traf (und es vielleicht immer noch tut, wer weiß?). Was sie dort taten? Etwas ganz Wunderbares! Sie nutzten ihre Zauberkräfte, um den Ruinen zu ihrem alten Glanz zu verhelfen. Wenn zum Beispiel eine Burg zu einem Haufen vermooster Steine zerfallen war, sprachen die Zauberfrauen ihre magischen Sprüche und bauten das Gebäude mit seinen hohen, starken Mauern und allen kostbaren Einrichtungsgegenständen, die darin waren, bis zum letzten Vorhang wieder auf. Leider hielt ihr Zauber nicht lange. Sobald Morgana und die Zauberfrauen den Ort verließen, fiel die Burg wieder in sich zusammen. Daher können wir das Ergebnis ihrer Magie traurigerweise nie bewundern.

Morgana war eine mächtige Fee und konnte die Gestalt eines Tiers oder anderer Wesen annehmen.

Man sagt, Morgana sei die Stiefschwester von König Artus gewesen, jenem berühmten britischen Herrscher, der seine Ritter an der sagenumwobenen Tafelrunde versammelte.

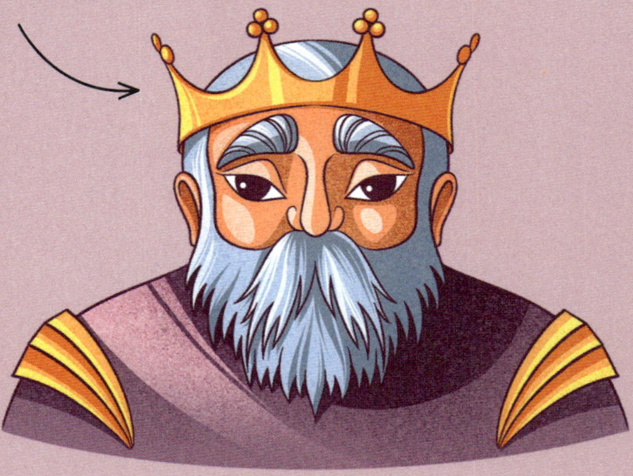

Sie erschuf Trugbilder von Schlössern am Himmel oder an Land, um Seeleute anzulocken. Dann stahl sie ihre Schätze.

In der walisischen Sprache ist ihr Name lang und etwas schwierig auszusprechen: Morgên y Dylwythen Deg.

DER ZORN DER SCHWESTER

ENGLAND

Dass Morgana Artus' Schwester war, bedeutet nicht, dass sie sich besonders nahestanden. Im Gegenteil! Es sieht vielmehr so aus, als hätte die Fee alles unternommen, um die Bemühungen ihres Bruders zunichtezumachen. Diese Geschichte ist der Beweis.

Eines Tages beschloss Morgana, König Artus das Kostbarste zu stehlen, das er besaß: sein magisches Schwert Excalibur. Darum heckte sie einen Plan aus. Sie zauberte ein Luftschloss mitten in einen See. Als König Artus das Zauberschloss sah, wollte er es sich unbedingt aus der Nähe ansehen. Praktischerweise war Morgana schon mit ihrem verwunschenen Boot zur Stelle und bot ihm die Überfahrt an. Kaum war der König an Bord, verschwand das Trugbild. Im selben Augenblick stahl ihm Morgana sein Schwert und tauschte es unbemerkt gegen eine Kopie. Doch Morgana wollte das Schwert nicht behalten. Ihr Plan ging viel weiter. Sie wollte Artus ein für alle Mal loswerden! Deswegen gab sie das echte Schwert einem Ritter namens Accolon und überredete Artus, den Mann zum Duell herauszufordern. Zum Glück ahnte Artus, dass seine Halbschwester etwas Böses im Schilde führte. Er kämpfte mit aller Kraft, bis er Excalibur zurückgewinnen konnte.

Doch so leicht gab Morgana nicht auf. Um ihrem erfolgreichen, mächtigen Bruder weitere Hindernisse in den Weg zu legen, sorgte sie mit einem Zauber dafür, dass sein Lieblingsritter der Tafelrunde, Sir Lancelot vom See, ins Gefängnis kam.

Auch dieser böse Plan scheiterte. Deswegen schloss sich Morgana jenen Rittern an, die sich gegen Artus verbündet hatten. Sie waren neidisch auf den großen König, wollten ihn stürzen und die Macht über sein Reich an sich reißen. Mit Morganas Zauber gelang es den Rittern, Artus zu überrumpeln und ihn in einen Kampf zu verwickeln, in dem er schwer verwundet wurde.

Da geschah etwas, das alle sprachlos machte: Morgana besann sich und eilte ihrem verletzten Bruder zu Hilfe. Sie nahm ihn mit auf die magische Insel Avalon und heilte ihn mit ihrer Zauberkraft, bis er wieder stark genug war, um zu seinem Königsschloss Camelot zurückzukehren. Nach diesem Wendepunkt versöhnten sich Morgana und Artus endlich miteinander.

MERLIN

Merlin ist der Inbegriff eines großen Magiers und weltberühmt!

Er war wirklich einzigartig, nur manchmal etwas zerstreut. Aber davon darfst du dich nicht täuschen lassen! Tatsächlich war er einer der mächtigsten Zauberer aller Zeiten. Und das ist nicht alles. Er war auch ein überaus begabter Wissenschaftler und Künstler (ja, auch Zauberer studieren noch andere Dinge außer Magie!). Vielleicht halfen ihm diese Hobbys sogar dabei, seine Zaubersprüche so besonders und praktisch unfehlbar zu machen.

Merlin lebte in einer großen Höhle. Ursprünglich kam er aus England (oftmals taucht er in den Geschichten von König Artus und den Rittern der Tafelrunde auf), doch er tritt auch in Sagen aus anderen Ländern in Erscheinung.

Mit anderen Worten: Er ist der weltberühmte Superstar unter den Magiern!

Der Sage nach war es Merlin, der die riesigen Felsblöcke des Steinkreises von Stonehenge aus Irland nach England beförderte.

Merlin konnte sein Erscheinungsbild verändern. Er war ein Gestaltwandler, der sich in jedes Tier verwandeln konnte, etwa in eine Eule oder eine Ameise.

In einigen Geschichten wird Merlin als ein Hexer mit bösen Absichten geschildert – ganz anders als der heitere und freundliche Zauberer aus den traditionellen Beschreibungen.

Schon als kleiner Junge konnte Merlin in die Zukunft sehen.

NIMUE

Nun, da du Merlin kennst, möchte ich dir die berühmte und mächtige Fee vorstellen, in die er verliebt war: Nimue.

Nimue war jung und wunderschön, doch ihre hervorstechendste Eigenschaft war ihre Freigiebigkeit. Sie hatte ein großes Herz und half allen, die Hilfe brauchten. Aus diesem Grund war sie hochverehrt und sehr beliebt. Gleichzeitig war sie auch klug und entschlossen (vielleicht sogar etwas dickköpfig). Sie war fleißig und setzte ihre Zauberkraft ein, um an ihr Ziel zu kommen – nichts und niemand konnte sie aufhalten!

Im Grunde war Nimue wie eine moderne Heldin: freundlich und stark!

Nimue lebte in einem wundervollen Palast am Grunde eines Sees, mitten im Zauberwald Brocéliande.

Nimue taucht unter vielen Namen auf. Manchmal wird sie Vivian oder auch die „Herrin vom See" genannt.

Man sagt, dass diese Fee noch am Leben ist und ihre Tage in ihrem Palast im See verbringt. Nur ab und zu kommt sie unbemerkt an die Oberfläche.

Es war Nimue, die Merlin das berühmte Schwert Excalibur gab. Er versenkte es in einem Zauberstein, aus dem Artus es herauszog und dadurch zum König wurde.

DAS GEHEIMNIS DES WALDES BROCÉLIANDE

FRANKREICH

Vor einigen Jahren entdeckten Forschende einen Grabstein in dem Wald Brocéliande in der Bretagne im Nordwesten Frankreichs. Sie stellten Nachforschungen an und fanden heraus, dass es sich um das Grab des großen Magiers Merlin handelte! Doch wieso hier in diesem Wald? Das muss wohl mit der Liebe zwischen Merlin und der Zauberfee Nimue zusammenhängen …

Eines Tages verließ Nimue ihr Schloss am Grunde des Sees und tauchte an die Oberfläche. Als sie im Wald spazieren ging, hörte sie eine unbekannte Stimme, die Zaubersprüche heraufbeschwor! Neugierig näherte sich die Fee und sah einen Magier, der ein paar wirklich großartige Zauber vollführte und sich in verschiedene Tiere verwandelte.

Nimue wusste sofort, dass dies der große Merlin sein musste, und stellte sich ihm vor. Der Zauberer seinerseits verliebte sich Hals über Kopf in die hübsche Fee und bat sie, seine Frau zu werden. Da machte sie ihm einen Vorschlag: An dem Tag, an dem er ihr all seine Zaubersprüche beigebracht haben würde, würde sie ihn heiraten. (Ich sagte doch, dass Nimue schlau und entschlossen war!). Der Zauberer willigte ein.

Doch nachdem sie alle Geheimnisse seiner Zauberkunst kannte, brach Nimue ihr Versprechen und kehrte zurück in den Palast am Seegrund. Der arme Merlin blieb traurig am Ufer zurück und wartete dort bis ans Ende seiner Tage auf sie.

Heute bilden an dieser Stelle zwei Steine das Grab des verliebten, betrogenen Zauberers.

KIRKE

Nun kommt der Moment, um über eine ganz besondere Persönlichkeit zu sprechen: die älteste Zauberin in der europäischen Literaturgeschichte. Vielleicht hast du schon von ihr gehört oder gelesen? Ihr Name ist Kirke (auch Zirze oder Circe), Tochter des griechischen Sonnengotts Helios und der Meeresnymphe Perse.

Diese Zauberin hat die Macht, sich und alle anderen in jede nur mögliche Kreatur zu verwandeln. Diese unglaubliche Kraft hat sie von ihrem Vater geerbt. Doch das ist nicht alles! Von ihrer Mutter bekam sie eine wundervolle Stimme, und alle, die sie sprechen oder singen hörten, lauschten ihr gebannt.

Deshalb entstand nach der traditionellen deutschen Aussprache ihres Namens, Zirze, das Wort „bezirzen“. Es bedeutet, jemanden auf verführerische Weise oder durch charmante Überredung so zu verzaubern, dass man alles bekommt, was man will.

Kirke wird oft dargestellt, wie sie mit einem langen goldenen Zauberstab ihre Magie wirkt!

Sie erscheint in vielen berühmten Sagen der griechischen Mythologie, etwa der Odyssee und der epischen Argonautensage.

Sie weiß alles über die Kraft der Kräuter und wie man daraus verschiedene Zaubertränke braut.

Kirke ist unsterblich, daher spreche ich von ihr im Präsens. Obwohl es schon eine Weile her ist, seit sie zum letzten Mal gesehen wurde ...

DIE INSEL DER ZAUBERIN

GRIECHENLAND

Kirke lebt auf einer abgeschiedenen, wild bewachsenen Insel, beschützt von Raubtieren, die nur sie im Griff hat. Ihr gegenüber sind die Tiere ganz zahm. Eines Tages strandete der Held Odysseus auf ihrer Insel, und … nun, lies weiter und finde heraus, was geschah!

Odysseus, der tapfere und listige König von Ithaka, fuhr bereits seit vielen Jahren mit seinen Gefährten auf seiner Irrfahrt übers Mittelmeer, als er die Insel Aiaia erreichte – Kirkes Heimat!

Odysseus beauftragte einige Seemänner, die Insel zu erkunden, die zunächst unbewohnt zu sein schien. Er selbst wollte auf dem Schiff warten. Als sie die Insel durchstreiften, hörten die Männer eine zauberhafte Stimme und folgten ihr. Was denkst du, wohin der Klang sie führte? Genau, in Kirkes Haus!

Sie beruhigte die Wachttiere, begrüßte die Männer überschwänglich und lud sie ein, mit ihr zu speisen. Doch statt Wasser schenkte sie ihnen einen Zaubertrank in die Becher. Rate, was dann passierte? Sie verwandelten sich in Schweine!

Alle bis auf einer: Eurylochus. Ihm kam das alles merkwürdig vor und darum tat er nur so, als würde er aus dem Becher trinken. Ohne dass Kirke es bemerkte, stahl er sich davon und warnte Odysseus vor der Gefahr.

Odysseus war klar, dass Kirke auch ihn und den Rest seiner Männer in Schweine verwandeln würde.

Am einfachsten wäre es gewesen, die Insel schnellstens zu verlassen. Doch Odysseus war nun einmal ein wahrer Held: Er wollte seine Freunde retten und in Menschen zurückverwandeln.

Zum Glück erschien da der Gott Hermes, um ihm zu helfen. Odysseus hatte nämlich einige Freunde unter den griechischen Göttern (allerdings auch Feinde!). Hermes gab Odysseus ein Zauberkraut, das ihn vor Kirkes Magie beschützen sollte.

Tatsächlich konnte ihm Kirke nicht nur nichts anhaben. Sie war zudem so fasziniert von Odysseus' Mut, dass sie seine Gefährten zurückverwandelte und alle einlud, auf der Insel zu bleiben, um sich auszuruhen. Ja, sie hat sich wohl ziemlich in Odysseus verliebt!

Und sie hatte einen Plan: Sie wollte Odysseus mit ihrem Gesang verzaubern, damit er für immer bei ihr bleiben würde. Zum Glück hatte Odysseus das Kraut von Hermes. So konnte er den Zauber abwehren und mit seinen Leuten die Reise nach Ithaka fortsetzen.

MELINDA

Denkst du vielleicht, alle Hexen seien böse? Weit gefehlt! Die Frau, von der ich dir jetzt erzähle, beweist es. Melinda war eine italienische Hexe, die immerzu nur freundliche und gute Zauber wirkte. Manchmal zauberte sie auch böse Dinge, aber nur, wenn jemand etwas wirklich Schlimmes getan hatte.

Leider verstand niemand wirklich, was für ein großes Herz Melinda besaß. Daher hatte die arme Hexe keine Freunde und verbrachte ihr ganzes Leben abgeschieden in einer klapprigen Holzhütte in den Abruzzen, einem italienischen Gebirge. Ihr Haus war leider nicht besonders ansehnlich. Das lag unter anderem daran, dass sie mehr Zeit mit Zaubern als mit Putzen verbrachte.

Für ihre Zaubertränke nutzte Melinda ganz einfache Zutaten: eingekochte Giftpilze, Knöpfe, Wildkräuter und Lumpen.

Sie hatte schmale Augen und einen stechenden Blick. Manche meinten, dass sie den Menschen damit direkt ins Herz schauen konnte!

Melinda war Mutter von zwei Jungen. Sie waren Zwillinge.

Selbst als sie schon eine alte Dame war, veränderte sich die Farbe ihres Haars nie: Es blieb schwarz und glänzend wie Rabenfedern.

DIE GUTE HEXE

ITALIEN

Bestimmt möchtest du jetzt alles über Melinda wissen. Ich erzähle dir gerne ihre aufregende Geschichte! Allerdings muss ich dich warnen: Sie ist ein bisschen traurig. Doch das Ende wird dich überraschen!

Melinda war noch sehr jung, als sie ihren ersten Zauber wirkte. Kannst du erraten, wozu er diente? Sie wollte, dass der Mann, den sie liebte, ihre Liebe erwiderte. Denn offenbar war er zunächst nicht besonders an ihr interessiert. Ihr erster Vorstoß in die Magie war also ein Liebestrank. Genau so einer, wie du ihn aus Märchen kennst. Sie nahm ganz einfache Zutaten: eine Strähne ihres Haars, einen Knopf und ein Stück Stoff. Ihr Angebeteter trank das Gebräu und … ZACK!, schon verliebte er sich unsterblich in sie und die beiden heirateten. Nach einigen Monaten bekamen sie die Zwillinge. Doch ihr Glück hielt nicht an: Bald darauf musste Melindas Gemahl in den Krieg ziehen und kehrte nie wieder heim (ich sagte ja, die Geschichte ist traurig). Die arme Hexe lebte mit ihren beiden Kindern in großer Not. Darum beschloss sie, ihre Gabe für die Magie zu ihrem Beruf zu machen. Sie ging bei zwei Zauberern in die Lehre. Der eine brachte ihr die guten Zaubersprüche bei, der andere die bösen Flüche.

Nachdem sie so fleißig gelernt hatte, widmete Melinda – eine geborene Hexe und von der Not getrieben – ihr ganzes Leben der Magie. Für die guten Zaubersprüche, mit denen sie den Menschen half, ließ sich Melinda mit wenigen Münzen, einer Knolle Knoblauch, einem Sack Kartoffeln und dergleichen bezahlen. Für böse Flüche verlangte sie allerdings viel mehr, denn die führte sie wirklich ungern aus. Traurigerweise mieden die Menschen der nahen Stadt die Hexe, denn sie sahen nicht, dass sie ein gutes Herz hatte. Selbst ihre Söhne verließen sie, als sie alt genug waren, und zogen weit, weit weg. Melinda blieb ganz allein mit ihren Zaubersprüchen in der ärmlichen Hütte zurück. Sie wusste nur zu gut, dass, wenn ihre Zeit gekommen war, der Teufel ihre Seele mit sich nehmen würde – genau wie bei allen anderen Hexen, die sich mit den dunklen Mächten der Magie abgaben. Doch im Gegensatz zu den anderen war Melinda dem Teufel einen Schritt voraus. Du fragst dich, wie? Nun, das Dach ihrer Hütte war voller Löcher. Im richtigen Augenblick huschte ihre Seele hindurch und konnte endlich glücklich und frei in den Himmel über den Abruzzen fliegen.

TÁLTOS

Als Nächstes kommt ein Zauberer mit einem ziemlich außergewöhnlichen Namen. Ich finde, er passt wirklich ausgezeichnet zu einem Magier mit besonderen Kräften. Oder sollte ich lieber „Schamane" sagen? Der Táltos ist eine unglaublich wichtige Figur in der ungarischen Sagenwelt.

Tatsächlich gibt es mehr als einen Táltos: Es sind unzählige und sie können sowohl männlich als auch weiblich sein. Dieses Detail solltest du dir gut merken für den Fall, dass du mal einem oder einer Táltos begegnest! Ihr Name bedeutet im Ungarischen so viel wie „Wissende".

Diese Schamanen sind nämlich sehr weise und haben daher eine besonders ehrenvolle Aufgabe: Sie kümmern sich um ihre Gemeinschaft. Doch was heißt das genau? Nun, sie helfen Gemeindemitgliedern, die krank oder traurig und besorgt sind, mit ihren unglaublichen magischen Fähigkeiten. Dazu müssen sie lediglich innehalten und nachdenken, vielleicht auch ein bisschen meditieren. So finden sie eine Lösung für das Problem. Dann wenden sie die Lösung augenblicklich an ... mit Magie!

Táltos kommen oftmals mit einem sechsten Finger oder mehreren Zähnen zur Welt.

Wenn sie innehalten, um zu meditieren und nachzudenken, versetzen sie sich in einen besonderen Geisteszustand, der „révülés" genannt wird.

Diese Schamanen können jede Krankheit heilen und jegliches Unheil abwenden. Zudem haben sie die wichtige Aufgabe, die Gemeinschaft vor Feinden zu schützen.

TÁLTOS UND DAS SIEBTE JAHR

UNGARN

Da du nun weißt, was Táltos sind, möchte ich dir ein Geheimnis über sie anvertrauen: Leider sind diese Schamanen nicht unbesiegbar oder unsterblich. In der folgenden kurzen Geschichte findest du heraus, warum.

Das wichtigste Jahr im Leben eines Táltos ist nicht das erste und auch nicht das zehnte. Sondern das siebte! Warum? Nun, das ist schwer zu erraten. Bis sie ihr siebtes Lebensjahr vollendet haben, können ihre Zauberkräfte verloren gehen, wenn ihnen ein Feind einen Zahn stiehlt. Manchmal ziehen auch die Eltern ihrem Táltos-Kind einen Zahn, damit er ihnen nicht gestohlen werden kann. Das ist gewiss eine schwierige Entscheidung, denn ohne Zauberkraft wird ein Táltos niemals der Gemeinschaft helfen können, wie es eigentlich sein sollte. Glücklicherweise werden Táltos-Kinder deswegen oft noch vor ihrem siebten Geburtstag einem älteren Táltos anvertraut. Mit ihm verbringen sie drei volle Tage und Nächte (eine kurze, aber sehr anstrengende Zeit!) und erfahren alles über ihre Zauberkräfte. Auf diese Weise lernen die Kinder, sich selbst und ihre wertvollen Zähne zu verteidigen – bis das schicksalhafte siebte Lebensjahr vorbei ist.

DIE HEXE VON GIRONA

Lass mich dir eine Hexe aus Spanien vorstellen.

Die Hexe von Girona, einer Stadt im Nordosten des Landes, war wie keine andere Zauberfrau: Sie wirkte nur böse Zauber. Du liest richtig: Mit ihren Flüchen brachte sie ausschließlich Leid und Elend.

Du kannst dir vorstellen, dass diese Hexe bei den Stadtbewohnern nicht besonders beliebt war. Aber das war ihr egal. Ihr ganzes Leben lang war sie streitsüchtig, schlecht gelaunt und überaus gemein. Alles, was sie wollte, war, die Leute so richtig wütend zu machen. Das gefiel ihr gut und leider, leider gelang es niemandem, sie jemals davon abzubringen. Wirklich sehr schade!

Ihre Spezialität waren Flüche: Sie musste nur einen ihrer Sprüche aufsagen und das Unheil war angerichtet!

Die Hexe hatte die merkwürdige und gefährliche Unsitte, Steine gegen die Mauern der Kathedrale von Girona zu werfen.

Die Bewohner von Girona schlossen sich oft in ihre Häuser ein, damit sie ihr nicht aus Versehen begegneten.

EINE GEHEIMNISVOLLE STRAFE

SPANIEN

Wie ich dir schon sagte, hatte es sich die Hexe von Girona zur schlechten Angewohnheit gemacht, Steine gegen die Kathedrale, die größte Kirche der Stadt, zu schmeißen. Bis sie dies eines Tages ein für alle Mal aufgeben musste ...

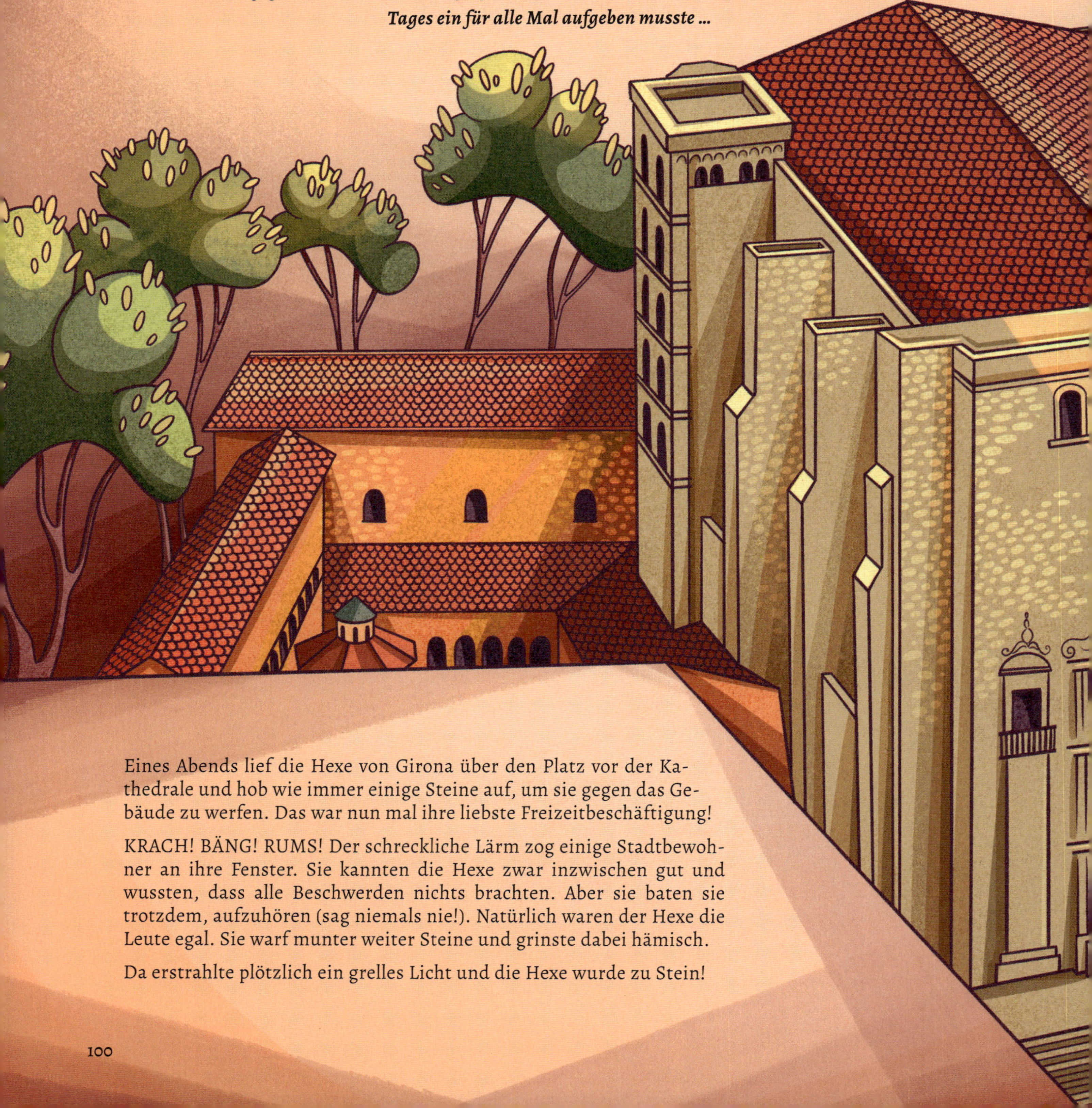

Eines Abends lief die Hexe von Girona über den Platz vor der Kathedrale und hob wie immer einige Steine auf, um sie gegen das Gebäude zu werfen. Das war nun mal ihre liebste Freizeitbeschäftigung!

KRACH! BÄNG! RUMS! Der schreckliche Lärm zog einige Stadtbewohner an ihre Fenster. Sie kannten die Hexe zwar inzwischen gut und wussten, dass alle Beschwerden nichts brachten. Aber sie baten sie trotzdem, aufzuhören (sag niemals nie!). Natürlich waren der Hexe die Leute egal. Sie warf munter weiter Steine und grinste dabei hämisch.

Da erstrahlte plötzlich ein grelles Licht und die Hexe wurde zu Stein!

Erschrocken liefen die Stadtbewohner auf den Platz. War es die Hexe selbst gewesen, die sich mit einem missglückten Fluch verwandelt hatte? Was auch geschehen sein mochte: Eine unsichtbare Kraft hatte sie für immer und ewig verwandelt. (Wer, das wusste niemand …)

Daraufhin hängten die Leute die Hexe als Wasserspeier an die Kirchenmauer. (Alles über Wasserspeier verraten dir meine Freundinnen Erin und Nora ab Seite 18.)

Seither kam nie mehr ein Fluch über die Lippen der Hexe von Girona – sondern nur noch Regenwasser!

UNDINEN

Die Zauberinnen, von denen ich dir nun erzählen möchte, ähneln Meerjungfrauen: „Undinen" oder „Nixen". Ich finde, dieser Name passt gut. „Unda" bedeutet „Welle", und tatsächlich leben diese Wassergeister an Flüssen, Quellen, Teichen, Wasserfällen oder Seen. In jedem Fall am Wasser.

Es heißt, Undinen hätten keine Seele, doch können sie eine erlangen, wenn sie einen Sterblichen heiraten. Aus diesem Grund verbringen sie ihre Tage damit, an der Wasseroberfläche nach einem passenden Gefährten zu suchen.

Ihrem wunderschönen Gesang liegt eine Zauberkraft inne, die sie nutzen, um Seemänner zu bezirzen.

Normalerweise sind diese Wasserwesen gut und freundlich. Allerdings können sie schnell wütend werden, wenn sie jemand beleidigt oder austrickst. Dann rächen sie sich mithilfe ihrer Magie! Ja, es ist besser, sich nicht mit Undinen anzulegen!

Ihre Lieblingsbeschäftigungen sind: Singen, in den Wellen tanzen und Seetang verweben.

Ihr Gesang gleicht dem Plätschern von fließendem Wasser. Er ist sehr melodiös und entspannend.

Undinen sind wunderschöne Wesen. Oft haben sie eine Schwanzflosse wie Meerjungfrauen.

Sie haben sehr langes Haar, das sie mit süß duftenden Blüten und schimmernden Muscheln schmücken.

DER GESANG DER LORELEY

DEUTSCHLAND

Dies ist die Geschichte einer ganz besonderen Undine, die in der Nähe von Bacharach im Rhein lebte. Sie brachte sich selbst in Lebensgefahr …

Loreley war eine wunderschöne Undine mit einer gefährlichen Angewohnheit: Sie lenkte Seefahrer auf dem Rhein mit ihrem zauberhaften Gesang ab, sodass ihre Schiffe auf die Felsen aufliefen und kenterten.

Eines Tages befahl ein reicher Adeliger seinen Soldaten, Loreley zu fangen. Er wollte sich an ihr rächen, weil sein Sohn bei einem solchen Schiffsunglück ertrunken war. Allerdings dachte er nicht daran, dass auch die Soldaten Loreleys Gesang erliegen würden: Sogar ihr Schiff zerschellte an den Felsen! Doch der Adelige wollte die Undine unter allen Umständen einfangen. Also schickte er erneut Soldaten los – diesmal mit Wachspfropfen in den Ohren. Nun konnten sie Loreleys Zaubergesang nicht hören.

Sie hatten die Undine schon beinahe gefangen, da erschien ihr Vater, um sie zu retten! Aus dem Schaum der Wellen zauberte er ein Pferd, das im gestreckten Galopp auf die Soldaten zurannte. Die panischen Männer flohen Hals über Kopf! Loreley konnte sich in den Tiefen des Flusses verstecken und ward nie mehr gesehen.

Der Felsen, von dem es heißt, dass sie dort gesessen und gesungen habe, trägt bis heute ihren Namen.

DIE BABA JAGA

Hast du schon einmal von der Baba Jaga gehört? Vielleicht! Denn diese Hexe ist bis heute berühmt und sie sieht wirklich einzigartig aus. Meistens wird sie hoch in der Luft durch die Wolken fliegend dargestellt. Doch vor allem ist sie bekannt für … ihr Haus! Die Baba Jaga wohnt nämlich in einer wandelnden Hütte, die sich auf zwei Hühnerbeinen fortbewegt. Der Zaun besteht aus Knochen und ist mit Totenköpfen verziert. Und das Türschloss sieht aus wie ein Maul voll spitzer Zähne. Ihr Haus ist also etwa genauso gefährlich wie die Hexe selbst! Außerdem solltest du wissen, dass die Baba Jaga mit jeder Frage, die man ihr stellt, um ein Jahr altert. Jünger kann sie nur auf eine Weise werden: Indem sie einen speziellen Tee aus blauen Rosenblüten trinkt. Deshalb gewährt sie nur jenen eine Bitte, die ihr solch eine blaue Rose bringen. Dann ist sie sogar richtig freundlich – aber das ist auch die Ausnahme!

Zum Fliegen nimmt die Baba Jaga einen Küchenmörser, der Stößel dient als Steuerruder.

Die hühnerbeinige Hütte rennt und springt hin, wo immer die Baba Jaga es wünscht!

Die Baba Jaga ist oft ungehalten und böse, weil sie zu viele Fragen gestellt bekommt (weshalb sie viel zu schnell altert!).

Am meisten Spaß macht es ihr, ihre Spuren mit einem Besen aus Weißbirkenzweigen zu verwischen, sodass sich alle, die sie suchen, im Wald verlaufen.

DIE UNSICHTBAREN HELFER

RUSSLAND

Die Baba Jaga ist die Hauptfigur in vielen oftmals gruseligen Märchen. Die folgende Geschichte gefällt mir besonders gut, denn darin kommt ein mutiges Mädchen mit einem großen Herzen vor.

Eines Tages ging in dem bescheidenen Häuschen, in dem Wassilissa mit ihrem Vater lebte, das Herdfeuer aus. Sie versuchten, es wieder anzuzünden, doch vergebens! Wassilissas Vater meinte, dass dies das Werk eines Fluchs sein müsste. Nur die Baba Jaga könnte ihnen helfen. Also machte sich Wassilissa mutig auf den Weg, um die Hexe zu besuchen.

Nachdem sie sehr lange gelaufen war, fand sie die berühmte wandelnde Hütte auf den Hühnerbeinen (puh, so gruselig!). Die Hexe hieß Wassilissa willkommen. Doch als das Mädchen ihre Frage vortrug, wurde sie wütend und sperrte Wassilissa in einen Käfig aus Knochen (dieselbe Bauart wie ihr Zaun). Baba Jaga versprach, sie freizulassen, wenn sie bis zum Abend ihr Haus geputzt hätte, das wirklich ein einziges Durcheinander war. Wassilissa willigte ein, doch wie sollte sie diese unmögliche Aufgabe schaffen? Zum Glück bekam sie bei ihrer Arbeit unerwartet magische Hilfe: Eine Katze, ein kleiner laufender Baum und ein Hund hatten sich unbemerkt in die Hütte geschlichen! Sie konnten sich nämlich unsichtbar machen. Mit der Unterstützung der drei Helfer und durch ihren eigenen Fleiß bewältigte Wassilissa die Aufgabe der Hexe. Die Baba Jaga war tief beeindruckt und ließ Wassilissa zu ihrem Vater zurückkehren – mit einem Topf voller Glut für ein neues Herdfeuer!

ZARQA AL-YAMAMA

Hast du jemals von Zarqa Al-Yamama gehört? Falls nicht keine Sorge, ich werde dir alles über sie erzählen. Zarqa war eine überaus begabte und respektierte arabische Zauberin mit unglaublichen magischen Fähigkeiten! Sie konnte sogar in die Zukunft schauen! Dafür nahm sie aber nicht etwa eine Glaskugel, wie das Wahrsagerinnen tun. Sie konnte die Dinge, die passieren würden, dank ihrer scharfen blauen Augen sehen, die jedes Mal, wenn sie zauberte, wie Diamanten funkelten. Deswegen wird sie auf Bildern meistens mit großen, tiefen, strahlenden Augen gezeigt.

Sie war eine schöne, gebildete Frau, die großen Wert auf ihr Erscheinungsbild legte. Ihre besonderen blauen Augen betonte sie mit schwarzem Kajal.

Zarqa gehörte dem antiken Volk der Tassam an. Es war verwandt mit dem Volk der Jadīs, aus dem ihr Ehemann stammte.

Auf Arabisch bedeutet ihr Name „Taube mit den blauen Augen“.

Heutzutage verwendet man einen weichen Kajalstift, um die Augenlider zu umranden. Zarqa hatte so etwas noch nicht. Sie benutzte ein schwarzes Pulver, dem sogar eine heilende, zauberhafte Wirkung nachgesagt wurde.

Der ganze Stamm verließ sich auf Zarqas Fähigkeit, denn sie konnte angreifende Feinde schon Tage im Voraus erspähen.

DER ANGRIFF DER HIMYAREN

ARABIEN

Wie ich schon sagte, war Zarqa in ihrem Stamm angesehen und man verließ sich auf ihre Vorhersagen. Doch einmal schlug man ihre Warnung in den Wind und bezahlte dafür teuer. Lies weiter und finde heraus, was sich zugetragen hat.

Eines Tages griff Hassan Al-Himyari, der König eines Stammes im heutigen Jemen, mit seiner Truppe die Region Yamama an, wo der Stamm der Tassam lebte. Auch dieses Mal sah Zarqa den Angriff bereits ganze drei Tage zuvor kommen. Sie lief los, um ihre Leute zu warnen, damit sie sich auf den Gegenangriff vorbereiten

konnten. Allerdings wussten die Feinde von Zarqas außergewöhnlicher Gabe (jedoch nicht so gut, wie sie meinten). Um nicht von ihr entdeckt zu werden, heckten sie einen Plan aus: Sie schlichen sich hinter losen Baumstämmen an. Davon ließ sich Zarqa natürlich nicht täuschen und erzählte ihrem Volk, dass sich Bäume näherten, hinter denen sich Männer versteckten. Zu ihrer Bestürzung glaubten die Stammesführer ihr nicht. Wandelnde Bäume hielten sie für Unsinn! Doch Zarqa sollte recht behalten: Der Stamm der Tassam wurde von den feindlichen Himyaren überfallen. Die mächtige Zauberin mit den blauen Augen nahmen sie gefangen.

JEON WOO-CHI

Jeon Woo-chi war ein koreanischer Zaubermeister mit außergewöhnlichen magischen Fähigkeiten. Er lebte vor ungefähr 500 Jahren zur Zeit der Joseon-Dynastie und viele halten ihn für den größten Zauberer in der koreanischen Geschichte. In einigen alten Büchern taucht er unter dem Künstlernamen Woosa auf. Das bedeutet „Federmann“ (frag nicht, warum, ich konnte es bislang nicht herausfinden!).

Seine magischen Studien begann er, als er noch sehr jung war. Damit ihn niemand störte, zog er sich dafür in ein Kloster in die Berge zurück (er war wirklich fest entschlossen!). Es heißt, dass er sogar Kranke heilen und fürchterliche Epidemien beenden konnte. Er hatte ganz offenbar gute Absichten und wollte den Menschen in Not helfen. Bestimmt wurde er deswegen so berühmt.

Er hatte viele Schüler, die von ihm lernen wollten. Doch keiner reichte an seine Künste heran.

Er ist so berühmt, dass es sogar Filme und Serien über seine Abenteuer gibt.

Der Legende zufolge hat Woo-chi seine Zauberkräfte von einer Füchsin gestohlen, die ihn in der Gestalt einer Frau austricksen wollte.

Er hatte ein sanftes, freundliches Gesicht. Manche sagen, dass er eine Brille trug.

DER HIMMLISCHE BOTE

KOREA

Einst wütete eine Hungersnot im Königreich Joseon, der heutigen Halbinsel Korea. Daher beschloss Jeon Woo-chi, seine überragenden Zauberkünste einzusetzen, um den Menschen zu helfen. Doch nicht alle dankten ihm seinen Edelmut. Lass mich dir die Geschichte erzählen ...

Um seinen Plan umzusetzen, ging Jeon Woo-chi zum König: Mithilfe seiner magischen Fähigkeiten überzeugte er den Herrscher davon, dass er ein himmlischer Bote sei und eine Unsumme an Gold brauche, um ein Schloss in den Wolken zu bauen. Natürlich fiel der verzauberte König auf den Trick herein und gab Woo-chi das geforderte Gold. Dessen Charme war wirklich zauberhaft! Sobald er hatte, was er wollte, lief Woo-chi aus dem Palast. Doch er benutzte das Gold nicht, um ein Schloss zu bauen, und auch nicht, um sich persönlich zu bereichern. Stattdessen verteilte er den Schatz unter den armen Stadtbewohnern und wurde dafür wie ein Held gefeiert! Der König fand schnell heraus, dass er betrogen worden war, und schickte seine Soldaten los, um den Zauberer zu fangen. Zum Glück gelang ihnen das nicht, denn Woo-chi nutzte seine Magie, um zu fliehen. Allerdings überkamen ihn Gewissensbisse, weil er dem König gegenüber so ungehorsam gewesen war. Deshalb ging er zurück in den Palast und bat um Vergebung. Der König war wieder hingerissen von Woo-chis Charme und Fähigkeiten. Er bot ihm sogar eine Arbeitsstelle im Palast an. Doch Woo-chi wollte lieber ungebunden bleiben. Er lehnte dankend ab und verschwand – auf Nimmerwiedersehen!

SUN WUKONG

Wusstest du, dass es eine Gestalt gibt, die in der chinesischen, der koreanischen und vielen weiteren asiatischen Sagenwelten überaus wichtig ist? Er (es ist eine männliche Gestalt) ist so wichtig, dass er unter verschiedenen Namen auftaucht. Nichtsdestotrotz ist er unverkennbar. Du fragst, wen ich meine? Hoppla, ich habe glatt vergessen, dir seinen Namen zu nennen: Sun Wukong. Ein wohlklingender Name, nicht wahr? Man kann ihn sich gut merken.

Sun Wukong ist ein ganz besonderer Zauberer mit einem ganz besonderen Erscheinungsbild: Obwohl er ein Mann ist, sieht er aus wie ein Affe! Daher kennen ihn viele auch als den „König der Affen" (in dieser Rolle taucht er auch in der Geschichte auf, die ich dir gleich erzählen werde).

Na gut, nun habe ich dir fast alles über ihn gesagt. Doch ein paar Kleinigkeiten solltest du noch wissen ...

Sun Wukong ist leidenschaftlich, gewitzt, lebhaft und immer für einen Kampf zu haben: Seine Waffe ist ein ausziehbarer Stab.

Er hat einige enge Freunde, denen er vertraut: Gemeinsam erleben sie Abenteuer und stellen sich ihren Feinden.

Sun Wukong trägt einen schmalen Goldreif auf dem Kopf, wie eine Krone, wodurch er wirklich wie ein König aussieht.

Weil die Geschichten vom Affenkönig in so vielen Ländern beliebt sind, hat er auch mehrere Namen: zum Beispiel Sun Wukong in China, Son Ogong in Korea oder Sun Ngokong in Thailand. Seinen japanischen Namen Son Goku teilt er mit dem Hauptcharakter der bekannten Manga-Serie „Dragonball“, der nach ihm benannt ist.

DER KÖNIG DER AFFEN

CHINA

Die Hauptfigur der Geschichte, die ich dir jetzt erzähle, ist kein anderer als Sun Wukong. Sie wird dir zeigen, dass er nicht nur großen Mut hat, sondern auch ein gutes Herz. Lies selbst …

Von Anbeginn kämpften die Affen ums Überleben, denn sie fanden nicht genug zu essen. Sun Wukong sah das und beschloss, ihnen zu helfen. Er führte die Affen in eine zauberhafte Höhle, die er entdeckt hatte, in der es Futter in Hülle und Fülle gab.

Als Dank machten ihn die Affen zu ihrem König und Sun Wukong war darüber sehr glücklich. Allerdings beunruhigte ihn, dass er diese gehobene Stellung verlieren könnte, wenn ihm etwas zustoßen würde. Daher wollte er Rat bei einem klugen, alten Mann suchen, dem Weisen Subhūti. Die Reise dorthin war lang und anstrengend, doch sie lohnte sich. Denn Subhūti brachte Wukong bei, unsterblich zu werden! Mit der Zeit wurde der Affenkönig ein mächtiger Kämpfer, der sich auf 72 verschiedene Weisen verwandeln und auf einer magischen Wolke fliegen konnte. Irgendwann kehrte er in die Höhle zurück und brachte den Affen und anderen Tieren seine Kampfkunst bei, sodass sie andere Arten besiegen konnten.

Sun Wukong war jedoch immer noch nicht zufrieden: Er wollte mehr! So ging er zu den Drachenkönigen der Vier Seen und verlangte von jedem ein Geschenk, um unbesiegbar zu werden: Er bekam den Stab, der beliebig seine Länge ändern konnte, einen Hut mit Phönixfedern, eine goldene Rüstung und ein Paar magischer Stiefel. Ausgestattet mit diesen Waffen und seiner Unsterblichkeit, regiert der magische König bis heute das Volk der Affen, das ihn verehrt und bewundert.

MARIE LAVEAU

In New Orleans im US-Bundesstaat Louisiana lebte vor rund 200 Jahren eine Frau namens Marie Laveau. Sie war eine berühmte Zauberin, von allen bewundert und gefürchtet! Mit welchen Zutaten sie zauberte? Ich warne dich, sie sind ein bisschen eklig, aber da musst du durch! Laveau nutzte Kräuter, Öle, Steine, Knochen, Haare, Fingernägel und sogar Dreck. Sie war eine mächtige Voodoo-Priesterin: Es heißt, ihre Zauber seien so stark gewesen, dass sie nicht nur die Menschen trafen, auf die sie sie lenkte, sondern auch ihre Familienmitglieder. Sogar jene, die noch gar nicht geboren waren! Zweifellos stellte man sich mit Marie Laveau also lieber gut …

Sie hatte sich ein wirklich ungewöhnliches Haustier ausgesucht. Kannst du es erraten? Eine riesige Schlange namens Zombie!

Laveau war nicht nur eine Zauberin. Sie hatte auch einen Friseursalon, in dem die vornehmsten Damen der Stadt verkehrten.

Neben ihren Flüchen war Laveau auch für ihre Bereitwilligkeit bekannt, Menschen in Not zu helfen.

Oft trug sie einen farbenfrohen Tignon, den typischen Haarturban kreolischer Frauen, sowie ein orangefarbenes Schaltuch, das weit über ihr Kleid fiel.

DIE KÖNIGIN DES VOODOO

USA

Marie Laveau praktizierte die Kunst des Voodoo. Dabei wird oft mit Puppen gezaubert, die der Person ähneln, für welche der Zauber bestimmt ist. Laveau war so gut darin, dass sie von allen um Hilfe gebeten wurde. Natürlich musste sie, um so gut zu werden, zunächst sehr viel lernen.

Laveau hatte das Glück, in einer Zeit als freie Frau geboren zu werden, als in New Orleans noch viele Menschen afrikanischer Abstammung (wie sie) Sklaven waren. Ihre Mutter war eine Sklavin, bis sie Maries Vater – einen reichen weißen Kaufmann aus der Stadt – heiratete. Dank ihm und seiner Entschlossenheit, seiner Tochter eine Schulausbildung zu geben, konnte Marie früh lesen und schreiben. Schnell lernte sie auch alles über Kräuter und Blumen. Und weil sie fleißig übte, beherrschte sie auch bald verschiedene Rituale, um die Seelen der Menschen von ihren Sünden zu reinigen oder jene zu bestrafen, die Unrecht getan hatten. Obwohl sie so jung war, wurde Laveau rasch berühmt. Ihre magischen Sprüche wirkten immer, sodass alle sie für eine wahre Voodoo-Priesterin hielten. Viele Menschen kamen und suchten ihre Hilfe, zum Beispiel wenn sie Liebeskummer hatten und einen Liebestrank brauchten. Andere wünschten einen Glückstrank, wieder andere einen heilenden Balsam. Doch sie sprach auch Flüche aus über jene, die Böses getan oder etwas gestohlen hatten. Diese Leute bekamen solche Angst, dass sie ihre Taten schnell bereuten. Laveau wies niemanden ab und wirkte ihre Zauber bis an ihr Lebensende, um all jenen zu helfen, die in Not waren.

KENNST DU DICH MIT ZAUBERERN UND HEXEN AUS? MACH DEN TEST!

Wie meine Freundinnen Erin und Nora habe auch ich einen kleinen Test für dich vorbereitet. Wollen wir schauen, was du über die Zauberer und Hexen in diesem Buch gelernt hast? Dann geht es jetzt los!

1 Wie viele Kinder hat Melinda?

A Keine
B Zwei
C Drei

2 Was bedeutet der Künstlername Woosa, den Jeon Woo-chi trug?

A „Federmann“
B „Zaubermann“
C „Brillenmann“

3 Wer war Morgana Le Fays Stiefbruder?

A Lanzelot
B Merlin
C König Artus

4 Worauf fliegt Sun Wukong?

A Auf einer Wolke
B Auf einem Regenbogen
C Auf der Sonne

5 In welcher Stadt der USA lebte Marie Laveau?

A New York
B New Orleans
C New Amsterdam

6 Welche Blume hilft der Baba Yaga, jünger zu werden?

A Eine rote Tulpe
B Ein rosa Gänseblümchen
C Eine blaue Rose

7 Sind Táltos Männer oder Frauen?

A Beides
B Männer
C Frauen

8 Wie heisst die Insel, auf der Kirke lebte?

A Aeia
B Aiaia
C Auweia

9 Wie hiess die Fee, in die Merlin verliebt war?

A Morgana
B Melinda
C Nimue

10 Welche Zauberkraft hatte Loreley?

A Eine magische Stimme
B Magische Wellen
C Zaubertränke

AUSWERTUNG

AUFLÖSUNG

1-B, 2-A, 3-C, 4-A, 5-B, 6-C, 7-A, 8-B, 9-C, 10-A

Du hast 5 oder weniger Fragen richtig beantwortet?

Möglicherweise wurde dir ein Vergesslichkeitsfluch auferlegt! Du kannst ihn brechen, indem du das Buch einfach noch einmal liest. Danach beantwortest du bestimmt alle Fragen richtig!

Du hast 6 bis 9 Fragen richtig beantwortet?

Toll! In der Welt der Hexen und Zauberer kennst du dich richtig gut aus. Weiter so!

Du hast alle 10 Fragen richtig beantwortet?

Gratulation! Wenn es um Magie und Zauberkraft geht, kann dir niemand etwas vormachen – du weißt alles und durchschaust jede Hexerei sofort, wenn du sie siehst! Mach so weiter und hör nicht auf, nach magischen Wesen zu suchen!

Anna Láng

Anna Láng ist eine ungarische Grafikdesignerin und Illustratorin, die zurzeit in Mailand lebt und arbeitet. Nach ihrem Abschluss in Grafikdesign 2011 arbeitete sie drei Jahre lang in einer Werbeagentur und für das Nationaltheater in Budapest. 2013 gewann Anna Láng bei der Ungarischen Biennale für Grafikdesign mit einer Shakespeare-Posterserie den Preis der Stadt Békéscsaba. In den letzten Jahren hat sie mehrere Kinderbücher illustriert.

Tea Orsi

Tea Orsi liebt es seit ihrer Kindheit, Geschichten zu erfinden. Inzwischen hat sie ihre Leidenschaft zum Beruf gemacht und arbeitet als Kinderbuch- und Drehbuchautorin. Ihre Geschichten stecken voller Prinzessinnen, Feen und anderer außergewöhnlicher Charaktere, die nur darauf warten, ins nächste Abenteuer zu starten. Tea Orsi lebt mit ihrer Familie und zwei Hunden in Parma, Italien, bereist aber auf der Suche nach Inspirationen für ihre Arbeit auch gern die ganze Welt.

FSC
www.fsc.org
MIX
Papier | Fördert gute Waldnutzung
FSC® C018236

ISBN 978-3-7432-1889-5
1. Auflage 2024
erschienen unter den Originaltiteln *The Great Book of Monster Legends*
und *The Great Book of Legendary Witches and Wizards*

Piazzale Luigi Cadorna, 6
20123 Milan, Italy
www.whitestar.it

Bühlstraße 4, D-95463 Bindlach
Aus dem Englischen übersetzt von Anna Taube
Umschlag- und Innenillustrationen: Anna Láng
Umschlaggestaltung: Ramona Karl
Druck und Bindung: Drukarnia Dimograf Sp. z o.o.,
ul. Legionów 83, 43-300 Bielsko-Biala, POLEN

www.loewe-verlag.de